Wie doch die Zeit vergeht!
Der erste Schultag steht vor der Tür – und er soll unvergesslich schön werden. Bei einer kleinen Feier in der Schule bekommen die Abc-Schützen ihre lang ersehnten Schultüten. Welch eine Überraschung: eine selbst gebastelte Tüte, gefüllt mit allerlei zum Naschen und Spielen!
Unsere frech-witzigen Ideen lassen sich schnell nacharbeiten, selbst in „letzter Minute“.
Lassen Sie sich von den Motiven insp
Viel Spaß beim Basteln und F
Ihre

Martina Schröder

und

Marion Vogel

So werden die Tüten gemacht

Wichtige Materialien und Utensilien

- Tonpapier in Weiß, 80 g/qm oder Schreibmaschinenpapier
- Bleistift
- Farbstifte
- Heißkleber
- Alleskleber (z. B. UHU Alleskleber Kraft)
- Doppelseitiges Klebeband
- Abstandsklebekissen, 3 mm stark
- Schere
- Zackenschere
- Cutter mit Schneideunterlage
- Bürolocher
- Nadeln

Weitere Materialangaben finden Sie bei den jeweiligen Objekten.

Wir stellen Ihnen drei Möglichkeiten vor:

1. Sie benötigen einen Bogen Tonkarton (50 cm x 70 cm). Um die richtige Anfangsposition der Spitze zu erhalten, zeichnen Sie mit dem Bleistift 5 cm vom oberen Rand entfernt eine Hilfslinie (s. Skizze). Knicken Sie den Karton an der markierten Linie leicht ein. So erleichtern Sie sich das Einrollen der Spitze. Am Rand der oberen Längsseite bringen Sie über die volle Länge doppelseitiges Klebeband an, entfernen jedoch noch nicht den anderen Schutzstreifen. Nun rollen Sie den Tonkarton von der kürzeren Seite her stramm in Richtung Klebeband auf. Ziehen Sie dabei die Spitze mit der einen Hand schön eng und rollen Sie den Karton mit der anderen Hand. Achten Sie beim Rollen darauf, dass die Öffnung der Tüte groß genug wird. So arbeiten Sie bis ca. 5 cm vor dem Rand weiter. Die gerollte Tüte liegt jetzt parallel zur Klebekante. Nun entfernen Sie die Schutzfolie vom Klebeband und rollen die Tüte gleichmäßig fertig. Damit die Klebeverbindung gut hält, drücken Sie die Naht von außen und innen fest an. Sehr dekorativ wirkt es, wenn Sie den oberen Rand der Tüte mit einer Zacken- oder Wellenschere angleichen.

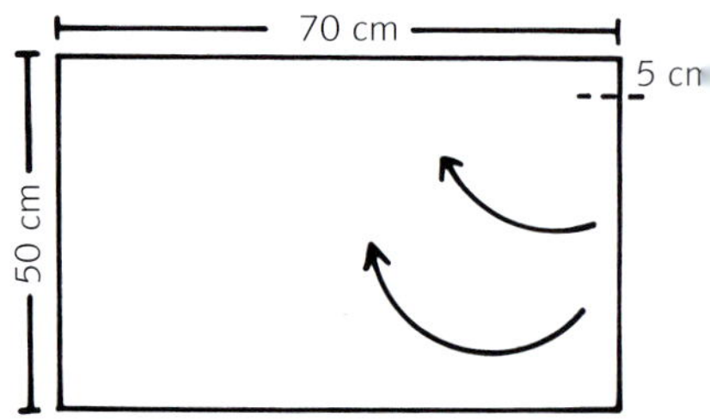

2. Sehr leicht ist das Herstellen einer sechs- oder achteckigen Schultüte aus einem im Handel erhältlichen Rohling. Diese Rohlinge aus 3D-Colorwellpappe oder Motivkarton sind bereits vorgefalzt und haben eine schmale Klebekante, die Sie mit doppelseitigem Klebeband versehen. Alle Falzkanten werden zunächst nur vorgeknickt, dann wird der Rohling wieder auseinander geklappt, so dass die Innenseite vor Ihnen liegt. Jetzt können Sie das Krepppapier für den Verschluss über die ganze Breite des oberen Innenrandes aufkleben. Falten Sie den Rohling so, dass die Längsseite auf der Klebekante liegt. Ziehen Sie die Schutzfolie vom Klebeband und drücken Sie die Ränder fest aufeinander.

3. Für die Doppelspitztüte brauchen Sie zwei Tonkarton-Quadrate à 50 cm x 50 cm. Wir haben jeweils einen gemusterten und einen einfarbigen Karton verwendet. Falzen Sie den ersten Bogen zuerst diagonal und klappen Sie ihn wieder auseinander (Skizze 1). Knicken Sie jetzt eine Seite genau bis zum Mittelfalz (Skizze 2) und die zweite Seite etwas darüber; dieser kleine Überstand ist die Klebekante, die Sie mit doppelseitigem Klebeband versehen (Skizze 3). Gleichen Sie nun noch die untere Spitze etwas an.

Ziehen Sie die Schutzfolie vom Klebeband und drücken Sie die beiden Seitenkanten fest aufeinander. Den zweiten Bogen Tonkarton verarbeiten Sie auf die gleiche Weise. Abschließend stecken Sie die beiden Tüten gegengleich ineinander, so dass sich die oberen Spitzen gegenüber liegen. Alles mit Heißkleber fixieren – und schon kann der Verschluss eingeklebt werden.

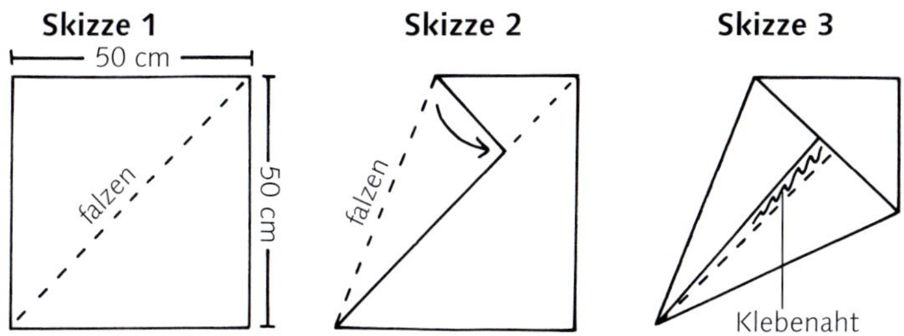

Unsere Tipps

Ziehen Sie den Tonkarton für die Rundtüten vor dem Aufrollen mehrmals vorsichtig über eine Tischkante. So vermeiden Sie Knickstellen und das Material lässt sich leichter rollen. Kleben Sie beim Aufbringen der Dekoration auch einige Motive auf die Klebenaht, so wird eine größere Haltbarkeit der Tüte erzielt.

Tütenspitze

Muster für die Verstärkung der Spitze finden Sie auf den Vorlagenbogen. Arbeiten Sie diese genau wie den Tütenrohling (siehe Seite 4, 1. und 2.). Vor dem endgültigen Fixieren wird die Spitze auf die Tüte gesteckt, um die Passform zu prüfen; gegebenenfalls muss mit der Schere nachgebessert werden.

Tütenverschluss mit Schmuckband

Fast alle Tüten werden an der Öffnung mit farbigem Krepppapier versehen. Nur bei der Tüte mit dem Schmetterling (Seite 30) wird Filz verwendet, aber auf die gleiche Weise verarbeitet. Schneiden Sie den oberen Rand des Krepppapiers mit einer Schere oder Zackenschere in Fransen, Bogen oder Wellen. Legen Sie dazu das Krepppapier mehrlagig übereinander. Kürzen Sie es in der gewünschten Form auf ca. 40 cm; so hat der Verschluss die optimale Höhe und knickt nicht ab. Vor dem Verschluss kleben Sie jedoch zuerst den Schmuckrand an die Öffnung der Tüte.

Schmuckränder aus Krepppapier

- Streifen

Sie brauchen dafür drei Streifen aus Krepppapier (je ca. 45 cm x 40 cm). Verzieren Sie die oberen Ränder mit einer Zackenschere.

- Rosette

Schneiden Sie mit der Zackenschere von einer kompletten Krepppapierrolle ein 10 cm breites Stück ab. Bei mehreren Lagen sollte die nächste Rosette etwas breiter als die erste sein. Auch hier können Sie den Rand mit Fransen, Rundbogen, Wellen oder Zacken verzieren.

Einkleben des Schmuckrandes und des Verschlusses

Für die Streifen streichen Sie immer zwei Segmente der eckigen Tüte mit Klebstoff ein und raffen dann einen der 45 cm breiten Streifen auf die Klebefläche. Verfahren Sie so weiter, bis alle Segmente mit Krepppapierstreifen beklebt sind.
Beim Aufkleben der Rosette und des Verschlusses wird der innere Rand der Tüte auch partienweise mit Klebstoff bestrichen. Beginnend an der Tütennaht schieben Sie das Krepppapier auf dem Klebstoff aneinander. So erhält der Verschluss mehr Volumen und die vielen schönen Dinge können leichter aus der Tüte gefischt werden.
Ein passendes Schleifenband bildet den Abschluss der Vorarbeiten zu Ihrer selbst gebastelten Schultüte.

Schnell und einfach zum fertigen Motiv

Mit Schreibmaschinen- oder Tonpapier und einem Bleistift pausen Sie alle Teile des Motivs ohne Überschneidungen vom Vorlagenbogen ab. Schneiden Sie dann alle Teile sorgfältig aus und schon ist Ihre Schablone fertig!
Legen Sie die Schablone auf das gewünschte Material und ziehen Sie die Umrisse mit Bleistift nach. Nach dem Ausschneiden mit Cutter oder Schere kleben Sie alle Teile zusammen und bringen schließlich die Zierlinien auf das Motiv. Orientieren Sie sich dabei am Vorlagenbogen und an der Abbildung.

Und nun mit Schwung ans Nacharbeiten unserer Modelle, die Sie auf den nächsten Seiten erwarten!

Unser Tipp

Natürlich sind die von uns gewählten Farben nur Vorschläge. Sollten Sie bestimmtes Material nicht „originalgetreu" erhalten, seien Sie kreativ und weichen Sie auf andere schöne „Zutaten" aus. Superschön ist übrigens auch eine zum Ranzen farblich passende Schultüte.

Buntstiftkritzeleien

Material

- 3D-Colorwellpappen-Rohling in Blau
- Krepppapier in Gelb, Rot, Hellgrün und Blau
- Tonkarton in Natur, A4
- Tonkartonreste in Gelb, Orange, Rot, Grün und Blau
- Viskosebast in Orange
- Plusterstifte in Gelb, Orange, Rot und Grün

Vorlagenbogen 2A

Der Rand dieser Tüte wird farbenfroh mit je einem gelben, roten und hellgrünen Streifen geschmückt; ein blauer Verschluss komplettiert das Farbenquartett. Die „Buntstiftspitze" wird in Natur (Vorlagenbogen 1A) und Blau gehalten. Kleben Sie immer drei Stifte unterschiedlicher Farbe und Größe zu einer Gruppe auf die Tüte. Mit der passenden Plusterfarbe zeichnen Sie die „Buntstiftkritzeleien" und plustern diese nach dem Trocknen mit einem leistungsstarken Föhn (mind. 1800 Watt) auf. So wird Ihr Kind sicher mit Freude zur Schule gehen.

Klasse 3

Material

- Lackkarton in Blau, 50 cm x 70 cm
- Alu-Krepppapier in Silber
- Krepppapier in Hellgrün
- 3D-Colorwellpappe in Silber, A3
- Tonkartonreste in Blau
- Moosgummireste in Weiß, Gelb, Rot und Schwarz, 2 mm stark
- Selbstklebende Hologrammfolie in Silber, A4
- Hologrammflitter in Silber
- Geschenkfolienreste in Transparent
- CD-Rohling
- Drahtband in Blau, 25 mm breit, 1 m lang
- Chenilledraht in Silber, 1 Paket
- Aludraht in Silber, ø 2 mm, 4 m lang
- Abstandsklebekissen, 3 mm stark
- 1/2 Kunststoffkugel, ø 10 cm
- 1/2 Kunststoffkugel, ø 8 cm
- 2 Wattekugeln, ø 30 mm
- 2 Wackelaugen, ø 15 mm
- 2 Holzperlen in Rot, ø 12 mm
- 1 Schraubenmutter, ø 14 mm
- Diverse Schrauben und Muttern
- Wasserfester Stift in Weiß, Rot, Silber und Schwarz

Vorlagenbogen 1A

Robbie, der kleine Roboter

Die selbst gedrehte Spitztüte (Anleitung Seite 4, 1.) wird mit einer grünen Fransenrosette verziert und mit einem silberfarbenen Verschluss gekrönt. Die Spitze (Vorlagenbogen 1A) wird mit Hologrammfolie verkleidet; vor dem Zuschneiden der Hologramm-Teile kleben Sie die Folie auf blaue Tonkartonreste.

Flachen Sie die Wattekugeln mit einem scharfen Messer etwas ab und kleben Sie die Wackelaugen auf die Wölbung. Schneiden Sie den Aludraht in folgenden Längen zu: Beine: 2 x 70 cm; Arme: 2 x 60 cm; Hals: 30 cm; Mund: 12 cm; Ohren: 2 x 14 cm; Kopf-Spiralen: 2 x 25 cm; Kopf-Antennen: 2 x 10 cm. Die Antennen (mit roten Holzperlen) und der Mund werden von Hand gebogen, die anderen Drahtelemente wickeln Sie um einen Holzstab und ziehen sie dann leicht auseinander. Schneiden Sie alle Motivteile aus und kleben Sie den Roboter gemäß Abbildung und Vorlagenbogen zusammen. Den Drahtmund kolorieren Sie mit dem roten Stift. Bringen Sie alle weiteren Zierlinien und die Schrauben an.

Die CD wird mit Abstandsklebeband auf den Hologrammkreis geklebt. Stopfen Sie die zerknüllte Geschenkfolie und den Hologrammflimmer in die größere Kugelhälfte und fixieren Sie sie als Bauch. Drapieren Sie um den Bauch ein Stück Chenilledraht. Die kleine Kugelhälfte als Kopf aufkleben. Nun kann Robbie auf der Tüte platziert werden. Drehen Sie einige Chenilledrahtstücke locker zu Spiralen und umkleben Sie damit die Tütenöffnung. Fixieren Sie ein weiteres Stück Chenilledraht hinter dem Roboter und führen Sie dieses locker um die Tüte bis zur Spitze. Biegen Sie die Arme und Beine etwas in Form. Na also, jetzt ist Robbie schulreif.

Robbie,
der kleine Roboter

Besuch aus dem All

(Beschreibung auf Seite 10)

Besuch aus dem All

(Abbildung Seite 9)

Material

- Achteck-Schultütenrohling mit Sternenhimmel-Muster
- Tonkarton mit Raumfahrtmotiven
- Krepppapier in Silber
- Gitterband in Silber, 5 cm breit, 1,20 m lang
- Drahtband in Blau, 4 cm breit, 1,20 m lang
- Abstandsklebekissen, 3 mm stark

Vorlagenbogen 3A

Diese Tüte bekommt einen Verschluss aus silbernem Krepppapier und Bändern in Silber und Blau. Für die Spitze verwenden Sie den Mondlandschaftsteil des Motivkartons. Schneiden Sie alle weiteren Motivteile des bedruckten Tonkartons aus und fixieren Sie diese mit den Klebekissen auf der Tüte. Ratzfatz fertig ... Ihr kleiner Astronauten-Fan wird hin und weg sein!

Unser Tipp

Verkleinern Sie das Tonkarton-Muster mit einem Farbkopierer und montieren Sie die Motive auf einer Mini-Tüte für das Geschwisterchen!

Auch in der Schule braucht man „Schwein"

Material

- 3D-Colorwellpappen-Rohling in Grün
- Krepppapier in Grün
- Filz in Pink, A4
- Moosgummi in Hellgrün und Grün, A3, 2 mm stark
- Moosgummireste in Pink, 2 mm stark
- Bündel Naturbast in Natur
- Bindedraht
- Bastelfarbe in Pink
- 6 Wattekugeln, ø 4 cm
- 24 Wackelaugen, ø 7 mm
- Wasserfester Stift in Schwarz
- Nadel

Vorlagenbogen 2B

Diese Tüte bekommt einen grasgrünen Verschluss. Legen Sie dann einen kräftigen Strang Naturbast um den Tütenrand und nähen Sie ihn mit Naturbast mit wenigen Stichen an den Falzkanten fest. Auf diese Stellen kleben Sie je ein kleines Kleeblatt mit Schweinchen.

Für die Schweineköpfchen teilen Sie die Wattekugeln mit einem scharfen Messer und bemalen sie mit pinkfarbener Bastelfarbe. Nach dem Trocknen setzen Sie die Moosgumminase und die Wackelaugen auf. Die Filzohren werden beim Aufkleben hinter dem Kopf leicht gerafft. Jetzt nur noch die Zierlinien mit dem schwarzen Stift einzeichnen. Verteilen Sie die großen und kleinen Kleeblätter und die Schweinchen auf der Tüte. Abschließend fassen Sie ca. 8 cm lange Baststücke in der Mitte mit Bindedraht zusammen und kleben diese Büschel auf. Schon sind die kleinen Schweinereien fertig. Viel Schwein für den kleinen Schulanfänger!

Kunterbunte Zauberschule

Material

- 3D-Colorwellpappen-Rohling in Regenbogenfarben
- Krepppapier in Hellgrün, Grün und Rotviolett
- Moonrock-Papier in Weiß, A3
- Tonkarton in Gelb und Schwarz, A3
- Tonkartonreste in Weiß
- Maulbeerpapierreste in Rosa
- Schleifenband in Gelb, 5 cm breit, 1,20 m lang
- Drahtband in Rosa-Weiß kariert, 25 mm breit, 40 cm lang
- 2 ovale Wackelaugen, 14 mm x 20 mm
- Glitter-Pen in Fuchsia

Vorlagenbogen 2B

Eine hellgrüne und eine breitere rotviolettfarbene Rosette bilden zusammen mit einem grünen Verschluss das bunte „Feuerwerk" an der Tütenöffnung.
Die Spitze (Vorlagenbogen 1A) wird mit gelbem Tonkarton ummantelt.
Die Schnauze des Häschens schneiden Sie gemäß Vorlagenbogen ein, um die Zähne einzukleben. Haben Sie alle Teile zusammengefügt, zeichnen Sie mit dem Glitter-Pen die Konturen und Zierlinien auf und fixieren die karierte Schleife am Hals. Formen Sie nun den Zylinder und kleben Sie dort eine grüne Krepppapierrosette ein. Lassen Sie das Häschen im Zylinder Platz nehmen, den Sie nun zusammen mit den Sternen auf der Tüte befestigen. Simsalabim, auf zur ersten Zauberstunde!

Kälbchens großer Tag

Diese Tüte bekommt eine weiße Rosette und einen schwarzen Verschluss mit pinkfarbenem Band. Das Maul des Kälbchens wird gemäß Vorlagenbogen mit einem Cutter eingeschnitten und nur am oberen Rand fixiert. Zeichnen Sie die Zierlinien mit dem Metallic-Pen auf. Legen Sie ein weißes und ein schwarzes Stück Krepppapier (je 20 cm x 25 cm) übereinander, schneiden Sie die längere Seite fransig ein und rollen Sie alles von der kürzeren Seite auf – voilà, der Schwanz! Drücken Sie den Schwanz etwas zusammen, so muss er nicht verklebt werden. Fixieren Sie ihn am Hinterteil des Kälbchens und bringen Sie dieses auf der Rückseite der Tüte an. Für das Wuschelhaar legen Sie einen weißen und einen schwarzen Streifen Krepppapier (je 16 cm x 20 cm) übereinander, schneiden beide an den längeren Seiten bis auf die mittleren 2 cm in Fransen und rollen alles von der schmaleren Seite her auf. Raffen Sie die Mitte dieser Rolle fest mit Bindedraht zusammen. Nun die Fransen locker auseinander ziehen und den schwarz-weißen Wirbel auf die Stirn kleben. Mit einer Sonnenblume im Maul ist das ulkige Kalb für den großen Tag bereit.

Material

- Schultütenrohling in Kuhoptik
- Tonkarton mit Kuhflecken, 50 cm x 70 cm
- Tonkartonreste in Grau und Pink
- Krepppapier in Weiß und Schwarz
- Schleifenband in Pink, 25 mm breit, 1,20 m lang
- Bindedraht
- 2 Wackelaugen, ø 35 mm
- Textil-Sonnenblume, ø 12 cm
- Metallic-Pen in Silber

Vorlagenbogen 3A

Auch kleine Dinosaurier müssen in die Schule!

Material Dinosaurier

- 3D-Colorwellpappen-Rohling in Gelb
- Krepppapier in Gelb, Orange und Rot
- Krepppapier in Braun, 35 cm x 40 cm
- Moosgummi in Grün, A3, 2 mm stark
- Moosgummi in Lila, A4, 2 mm stark
- Moosgummireste in Weiß, Rot und Hellgrün, 2 mm stark
- Lackkarton in Rot, 12 cm x 19 cm
- Fransenkordel in Rot, 1,50 m lang
- Band oder Viskosebast in Orange, 50 cm lang
- Plusterstift in Grün, Rot, Orange und Gelb
- Wasserfester Stift in Schwarz

Vorlagenbogen 1B

Den oberen Abschluss der Tüte bilden gelbes Krepppapier (mit roter Fransenkordel zum Zubinden) und eine doppelte Fransenrosette in Rot und Orange. Die Spitze wird mit braunem Krepppapier und einer dreifachen (rot, orange, gelb) Fransenrosette ummantelt. Beginnen Sie bei der Spitze mit den Rosetten, kleben Sie diese auf die Tüte, falzen Sie dann das braune Krepppapier zur Hälfte (35 cm x 20 cm) und kleben Sie dieses locker um die Tütenspitze. Setzen Sie den kleinen Dino zusammen und schneiden Sie den Kopf gemäß Vorlagenbogen ein, um Augen und Zunge zu platzieren. Zeichnen Sie alle Zierlinien sowie Augen und Nase auf.
Nun platzieren Sie das Motiv auf der Tüte und malen mit den Plusterstiften große und kleine Farbtupfen auf, die Sie nach dem Trocknen mit einem leistungsstarken Föhn (mind. 1800 Watt) aufplustern. Abschließend rollen Sie den Lackkarton, umwickeln ihn mit dem orangefarbenen Band und stecken die Rolle unter den Arm des unternehmungslustigen Dinos. Fertig!

Luftballon-ABC

Material

- Tonkarton mit Konfettimuster, 50 cm x 50 cm
- Tonkarton in Blau, 50 cm x 50 cm
- Tonkartonreste in Orange, Gelb, Hellgrün, Blau und Regenbogenfarben
- Krepppapier in Orange
- Schleifenband in Gelb, Orange und Rot, 4 cm breit, je 1,20 m lang
- Satinband in Gelb, Orange und Rot, 3 mm breit, je 1 m lang
- Terrakottastift in Weiß
- Nadel

Vorlagenbogen 2A

Den Tütenrohling arbeiten Sie aus Konfettikarton und blauem Tonkarton (Anleitung Seite 4, 3.). Die Tüte bekommt einen orangefarbenen Krepppapierverschluß und wird mit den drei Schleifenbändern verschlossen.

Aus den Resten des Regenbogenkartons arbeiten Sie die Buchstaben. Die 15 Luftballons schneiden Sie aus gelben, orangefarbenen, hellgrünen und blauen Kartonresten zu und malen mit dem weißen Terrakottastift je einen Lichtpunkt auf. Achten Sie darauf, den unteren Teil der Luftballons nicht auf der Tüte festzukleben. Hier knoten Sie jeweils ein 20 cm langes Stück Satinband an. Fassen Sie die Satinbänder pro Dreiergruppe zusammen und ziehen Sie diese durch ein vorher eingebohrtes Loch (Nadel) in einem Buchstaben. Festknoten und die Enden der Satinbänder auf eine Länge schneiden. Eine Schultüte für Lufti..., äh, Pfiffikusse!

ul Maar
Alles
vom kleinen Känguru

Prinzessin auf der Tüte

Material

- 3D-Colorwellpappen-Rohling in Lila
- 3D-Colorwellpappenrest in Gelb
- Krepppapier in Rotviolett, Pink und Silber
- Tonkartonrest in Haut
- Motivpapier in Rosa mit weißen Kringeln und in Rosa-Weiß gestreift
- Gitterband in Silber, 4 cm breit, 1,20 m lang
- Tüllband in Weiß und Pink, 10 cm breit, je 1,20 m lang
- Taftband in Weiß, 1 cm breit, 50 cm lang
- Alu-Prägefolie in Silber, 0,15 mm stark, A4
- Prägestift
- Dekoperlenkette in Silber, 1,2 m sowie 6 cm lang
- 15 Strass-Steinchen in Kristallklar, ø 0,5 mm
- Filzstift in Schwarz
- Gelstift in Weiß
- Wangenrouge oder Buntstift in Rot

Vorlagenbogen 1A

Die Öffnung der Tüte wird mit einer pinkfarbenen Rosette verziert und mit rotviolettfarbenem Krepppapier und silbernem Gitterband verschlossen. Das Krönchen und die Verstärkung für die Tütenspitze (Vorlagenbogen 1A) arbeiten Sie aus Alu-Prägefolie und verzieren beides von der Rückseite mit einem Prägestift. Die beiden Tüllbänder und die Perlenkette verschlingen Sie miteinander und kleben sie um die Tütenöffnung.
Beachten Sie bei den Wellpappe-Haaren und dem rosa gestreiften Papier den Linienverlauf. Für den Rock der Prinzessin brauchen Sie drei Lagen Krepppapier (21 cm, 18 cm und 15 cm Höhe), die Sie mit der Zackenschere wie auf der Abbildung zuschneiden, hinter der Taille zusammenraffen und dort festkleben. Binden Sie das schmale Taftband um die Taille und kleben Sie das kurze Stück Dekoperlenkette um den Hals. Verzieren Sie die Krone mit etwas Strass. Mit den übrigen Steinchen schmücken Sie die Ohren und die Tüte. Zeichnen Sie das Gesicht mit schwarzem Stift, das Weiß der Augen mit dem Gelstift auf und „hauchen" Sie etwas Rouge auf die Bäckchen. Schon ist sie fertig – die reizende Prinzessin auf der Tüte!

Im Sturzflug zur Schule!

Material

- Tonkarton in Blau und Regenbogenfarben, 50 cm x 50 cm
- Tonkartonreste in Weiß und Schwarz
- Krepppapier in Hellgrün und Blau
- Fransenband in Rot, 120 cm, 60 cm und 2 x 40 cm lang
- Wattekugel, ø 5 cm
- 2 Wackelaugen, ø 35 mm
- Bastelfarbe in Rot
- Wasserfester Stift in Schwarz

Vorlagenbogen 1B

Die Doppelspitztüte aus Regenbogenkarton und blauem Tonkarton (Anleitung Seite 4, 3.) bekommt einen grünen Verschluss aus Krepppapier, der zugleich als „Haarbüschel" des Drachen dient.

Streichen Sie die Wattekugel mit roter Farbe an und versehen Sie sie nach dem Trocknen mit einer Kerbe, damit sie als Nase auf den Falz der regenbogenfarbenen Seite passt. Mund und Augen schneiden und fixieren Sie gemäß Vorlagenbogen und Abbildung, bevor Sie die Wackelaugen aufsetzen und alle Zierlinien mit schwarzem Stift aufzeichnen. Für die „Ohren" brauchen Sie je ein Stück hellgrünes (35 cm x 45 cm) und blaues (20 cm x 40 cm) Krepppapier. Beides jeweils an den Seiten fransig einschneiden, übereinander legen, in der Mitte raffen und mit dem 40 cm langen roten Fransenband zusammenbinden. Auf die gleiche Weise arbeiten Sie die etwas kleineren Schwanzteile. Dann knoten Sie diese an das 60 cm lange Fransenband und kleben das Ganze als Schwanz an, damit der Drachen in Richtung Schule abheben kann.

Fleißig (lernen) wie die Bienen

Diese Tüte bekommt einen pfiffigen, gelb-schwarz gestreiften Verschluss und eine passende Spitze (Vorlagenbogen 1A). Für die gelben Schleifen schneiden Sie sieben Krepppapierstreifen (20 cm x 50 cm) zu. Falten Sie jeden Streifen dreifach und raffen Sie die Mitte zur Schleife; wickeln Sie einige Stränge Bast um die Hand, setzen Sie das Büschel auf die Mitte der Schleife und fassen Sie sie mit Bindedraht zusammen. Nähen Sie an den sechs Falzen der Tütenöffnung mit einer spitzen Nadel und rotem Naturbast je eine Schleife fest. Die siebte Schleife kleben Sie mit Heißkleber auf die Tüte. Alle Schleifen werden jetzt noch mit einer Margeritenblüte verziert. Bevor Sie die Bienen zusammensetzen, falzen Sie die gestreiften Tonkarton-Zuschnitte zur Hälfte und stanzen mit einem Bürolocher das Einsteckloch für die Faserseiden-Flügel: Diese raffen Sie leicht, schieben sie durch die Löcher und kleben sie fest. Fixieren Sie die gestreiften Bienenkörper nur an den Außenkanten, so dass der Mittelfalz hochsteht. Die roten Holzperlen teilen Sie mit einem Seitenschneider oder scharfen Messer und setzen sie als Nase auf. Zuletzt die Wackelaugen aufkleben. Für einen bienenfleißigen Start in die kommenden Schuljahre. Viel Glück!

Material

- 3D-Colorwellpappen-Rohling in Rot
- Krepppapier in Gelb und Gelb-Schwarz gestreift
- Tonkarton in Gelb-Schwarz gestreift, A3
- Tonkarton in Schwarz, A4
- Faserseide in Weiß, A4
- Bund Naturbast in Rot
- Bindedraht
- 7 Margeritenblüten, ø 36 mm
- 16 Wackelaugen, ø 4 mm
- 4 Holzperlen in Rot, ø 6 mm
- Nadel
- Bürolocher

Vorlagenbogen 3B

Ein bärenstarker Schulstart

Material

- Tonkarton in Rot kariert, 50 cm x 70 cm
- Krepppapier in Hellgelb und Hellgrün
- Tonkartonrest in beliebiger Farbe
- Filzrest in Hellbraun
- Drahtband in Rot, 40 mm breit, 1,20 m und 2 x 60 cm lang
- Drahtband in Rot, 25 mm breit, 30 cm lang
- Chenilledraht in Braun, 12 cm lang
- Aludraht, ø 2 mm, 50 cm lang
- Teddyplüsch in Hellbraun, 20 cm x 60 cm
- 2 Teddyaugen, ø 15 mm
- Teddynase, 20 mm x 25 mm
- 3 Kunststoffkugelhälften, ø 7 cm
- Bindedraht

Vorlagenbogen 3A

Die selbst gedrehte Tüte (Anleitung Seite 4, 1.) bekommt eine hellgrüne Rosette, die Sie nach außen über die Tütenöffnung schlagen und dort fixieren, und einen gelben Verschluss. Der Teddykopf ist ganz einfach nachzubasteln: Bereiten Sie die Kopfform des Bären gemäß Vorlagenbogen aus dem Tonkartonrest vor, legen Sie den Zuschnitt auf den Teddyplüsch und schneiden Sie ihn mit einer Nahtzugabe von ca. 5 cm zu. Kleben Sie den Plüsch auf die Tonkarton-Kopfform und fixieren Sie den überstehenden Plüsch auf der Rückseite. Für die Nase und die beiden Ohren beziehen Sie je eine halbe Kunststoffkugel mit dem Teddyplüsch. Die Nase setzen Sie mit der Wölbung nach oben und die Ohren mit der Öffnung nach oben an. In die Ohren kleben Sie je einen Filzkreis. Augen, Nasenspitze und Mund (Chenilledraht) aufkleben. Nun legen Sie für die Halskrause des Teddys ein Stück grünes Krepppapier (32 cm x 100 cm) mit Zackenrand doppelt, raffen es und fassen die Mitte mit Bindedraht zusammen. Arbeiten Sie aus den beiden je 60 cm langen roten Drahtbandstücken eine Doppelschleife, die Sie auf die Kreppschleife setzen. Nun biegen Sie die Brille gemäß Vorlagenbogen aus dem Aludraht und fixieren die Enden auf der Rückseite des Kopfes. Eine kleine Schleife als Kopfschmuck für den Bären fertigen, dann kann alles auf die Tüte gesetzt werden. Eine „erstklassige" Tüte für einen „bärenstarken" Auftritt!

Indianerhäuptling Pur Natur

Material

- Tonkarton in Orange, 50 cm x 70 cm
- Tonkarton in Haut und Schwarz, A4
- 3D-Colorwellpappenrest in Natur
- Krepppapier in Schwarz, Orange und Hellgrün
- Filz in Rostbraun, A4
- Bündel Naturbast in Natur
- Juteband in Natur, 6 cm breit, 1,50 m lang
- Lederband in Braun, ø 1 mm, 1 m lang
- 20 Perlhuhnfedern
- 4 Holzperlen in Natur, ø 10 mm
- 3 Tonperlen in Braun, ø 12 mm
- Wasserfester Stift in Rot und Schwarz
- Gelstift in Weiß
- Wangenrouge oder Buntstift in Rot
- Nadel

Vorlagenbogen 3B

Die selbst gedrehte Tüte (Anleitung Seite 4, 1.) bekommt eine schwarze Spitze (Vorlagenbogen 1A) mit hellgrüner Fransenrosette, eine orangefarbene Rosette an der Tütenöffnung und einen schwarzen Verschluss, der mit Naturbast zusammengehalten wird. Kräuseln Sie das Juteband mithilfe eines Baststranges und der Nadel und kleben Sie es am Tütenrand fest. Nun versehen Sie mehrere Stränge Naturbast in kurzen Abständen mit Knoten und fixieren diese Jutekette sowie einige Federn auf dem Juteband. Setzen Sie den Indianer gemäß Vorlagenbogen zusammen, bevor Sie den Lendenschurz und das Stirnband (beides aus Filz), den Gürtel (aus Bast), die Kette und die Kopffedern anbringen. Achten Sie darauf, nur die Schultern zu fixieren, damit die Arme leicht nach vorne gebogen werden können. Für die Kette fädeln Sie zwei Holz- und eine Tonperle auf ein ca. 15 cm langes Stück Lederband, verknoten es zwischen den Perlen, kleben kleine Federn in die Perlen und binden es dem Indianer um den Hals. Beim Lendenschurz ziehen Sie nach dem Aufkleben das restliche Lederband mithilfe einer Nadel kreuzweise durch den Filz, verknoten es und ziehen die restlichen Perlen auf die Enden. Malen Sie das Gesicht und die Zierlinien auf. Mit Rouge hauchen Sie dem Gesicht und Körper des kleinen Indianers noch etwas Leben ein. Und nun raus aus dem Wigwam und rein in die Schule!

Sommerfalter für Traumkinder

Blütenzauber in Rosé

(Beschreibung Seite 32)

Sommerfalter für Traumkinder

Material

- 3D-Colorwellpappen-Rohling in Pink
- Tonkarton in Rosa-Weiß kariert, A3
- Moonrock-Papier in Weiß, A3
- Faserseide in Weiß, A3
- Filz in Weiß, 35 cm x 130 cm
- Alu-Prägefolie in Silber, 0,15 mm stark, A5
- Prägestift
- Drahtband in Rosa, 4 cm breit, 2 x 1,20 m lang
- Silberdraht, ø 0,5 mm, 2 x 2 m lang
- Aludraht, ø 2 mm, 50 cm lang
- 80 Wachsperlen in Silber, ø 4 mm
- 32 Wachsperlen in Weiß, ø 8 mm
- 2 Holzperlen in Rosa, ø 8 mm
- Streumargeriten in Weiß

Vorlagenbogen 2A

Die Tüte bekommt einen Verschluss aus weißem Filz und eine Spitze aus Alu-Prägefolie. Schneiden Sie den Schmetterlingskörper und die Spitze aus der Prägefolie und drücken Sie auf der Rückseite mit dem Prägestift die Muster ein. Biegen Sie den Aludraht zu Fühlern und stecken Sie auf die gedrehten Enden je eine rosa Holzperle. Alle Schmetterlingsteile zuschneiden und aufeinander kleben. Das Moonrock-Papier fixieren Sie nur im Mittelteil, so wirkt der Sommerfalter leichter. Knoten Sie das Drahtband in Abständen von 15 cm und fixieren Sie es an den Knoten locker gerafft entlang der Tütenöffnung. Zwischen die Knoten setzen Sie je eine kleine Margerite. Fädeln Sie die weißen und silbernen Wachsperlen abwechselnd auf den Silberdraht und verdrehen Sie dabei die Perlen einzeln oder in Gruppen mit dem Draht. Schlingen Sie die Perlenschnur um das Margeriten-Drahtband und bringen Sie den Sommerfalter leicht schräg auf der Tütenmitte an. Abschließend werden Margeritenblüten auf der Tüte verteilt.

Blütenzauber in Rosé

(Abbildung Seite 30/31)

Diese Tüte basteln Sie mit rotviolettfarbenem Verschluss und einer doppelten grünen Blattrosette mit rosa Bastbüscheln sowie einer pinkfarbenen Hologrammfolienspitze (Vorlagenbogen 1A). Kleben Sie die erste Lage der grünen Rosette in den Tütenrand, wickeln Sie dann den Viskosebast ca. 30-mal um Ihre Handfläche, fassen Sie das eine Ende mit Bindedraht zusammen und schneiden Sie das andere Ende mit einer Schere auf. Pro Tütensegment wird je ein Büschel hinter die erste Rosette geklebt (Sie brauchen also insgesamt 6 Büschel). Dann die zweite Rosette, danach den rotvioletten Verschluss fixieren.
Raffen Sie die Blütenblätter aus Filz und Faserseide ein wenig und kleben Sie diese nur in der Blütenmitte fest. Für die Büschel in der Blüte legen Sie den Viskosebast viermal um Ihre Handfläche, ziehen den Bast in der Mitte mit Bindedraht zusammen, fassen ihn als Büschel und kleben die Bindestelle auf. Für die Spitzenverstärkung und die Blütenmitte kleben Sie die Hologrammfolie auf weißen Tonkarton. Den Kreis für die Blütenmitte schneiden Sie dann ein, schieben die Schnittstelle gemäß Vorlagenbogen übereinander und verkleben sie. Der entstandene Trichter wird mit den drei je 5 cm langen, gebogenen Aludrahtstücken verziert. Auf die Drahtenden setzen Sie je eine weiße Holzperle.
Wickeln Sie 70 cm Aludraht um ein Rundholz (z. B. den Stiel eines Kochlöffels), ziehen Sie die Spirale etwas auseinander und kleben Sie sie als Stiel zwischen die Blüte und die grünen Blätter. Die Zierlinien werden mit den Glitzerstiften aufgebracht.

Material

- 3D-Colorwellpappen-Rohling in Weiß
- Krepppapier in Hellgrün und Rotviolett
- Tonkarton in Weiß, A4
- Hologrammfolie in Pink, A4
- Filz in Hellgrün und Rosa, A4
- Faserseidenrest in Weiß
- Viskosebast in Rosa
- Aludraht, ø 2 mm, 1 x 70 cm und 3 x 5 cm lang
- Bindedraht
- 3 Holzperlen in Weiß, ø 8 mm
- Glitzer-Pen in Grün und Pink

Vorlagenbogen 1B